AF324441

ALLOCUTION

PRONONCÉE

Par Monseigneur BÉCEL, Évêque de Vannes

DANS LA CHAPELLE DE KERNASCLÉDEN

LE 29 OCTOBRE 1887

AU SERVICE FUNÈBRE CÉLÉBRÉ POUR LE REPOS DE L'AME DE

Henri-Charles-Anne-Marie-Timoléon DE COSSÉ,

Comte DE BRISSAC, Prince DE ROBECH.

VANNES

IMPRIMERIE GALLES RUE DE LA PRÉFECTURE.

—

1887.

ALLOCUTION

DÉPÔT LÉGAL
Morbihan
N° 17
18__

DE

MONSEIGNEUR L'ÉVÊQUE DE VANNES

AU SERVICE FUNÈBRE CÉLÉBRÉ POUR LE REPOS DE L'AME

DE HENRI-CHARLES-ANNE-MARIE-TIMOLÉON DE COSSÉ,

COMTE DE BRISSAC, PRINCE DE ROBECH.

> « *Pertransiit benefaciendo.* — Il a passé
> en faisant le bien. »
>
> Actes des Ap., x, 38.

Hélas ! oui, mes Frères, il a passé trop rapidement au milieu de vous, celui que nous pleurons aujourd'hui, comme on pleure le modèle des époux, le plus tendre des pères, le plus généreux des bienfaiteurs. Mais, ne pleurons pas comme pleurent ceux qui n'ont plus d'espérance. Car, à l'exemple de notre divin Maître, *il a passé en faisant le bien ;* il s'est endormi doucement dans le Seigneur, après l'avoir constamment servi et aimé. Il nous est donc permis de croire qu'il n'a pas tardé à obtenir miséricorde du Souverain Juge des vivants et des morts, qui a promis de ne pas laisser sans récompense même *un verre d'eau froide donné en son nom.....*

Cependant, mes Frères, il faut prier..... La charité fraternelle nous en fait un devoir, doux à remplir, et notre cœur en éprouve un pressant besoin. C'est ainsi que nous payerons les uns et les autres notre tribut à la mémoire du Comte Henri de Brissac, seigneur de Pontkalleck et autres lieux. Demandons pour lui le repos éternel dans le sein de Dieu, et, pour sa noble famille, pour sa digne compagne, pour ses chers enfants, le courage chrétien qui les rendra capables de supporter cette nouvelle et si cruelle épreuve...

Non content de m'associer à votre deuil, je crois répondre à votre attente en prenant la parole à la fin de cette cérémonie si touchante. Ce n'est point que j'aie la prétention de prononcer l'éloge funèbre du Comte de Brissac. Il suffira que je rappelle brièvement la foi et la charité du regretté défunt, pour que je réussisse à le faire revivre un instant, tel que vous l'avez connu. En vous donnant cette assurance ne suis-je pas trop téméraire ? Quel peintre serait assez habile, quel orateur aurait assez d'éloquence pour faire un portrait ressemblant de ce demeurant d'un autre âge, qui avait à la fois si grand air et tant d'affabilité ? Sans perdre son rang et sa dignité, il était pour tous d'un abord facile et engageant, plein d'urbanité et de cordialité pour les uns, de simplicité et de commisération avec les autres. La vue des déshérités de ce monde lui inspirait sans doute les sentiments de compassion qui débordaient du cœur de Jésus, lorsqu'il s'écriait dans le désert : *misereor super turbam.* En pareille circonstance, la physionomie, toujours sympathique du disciple, réflétait, comme un miroir fidèle, de profondes émotions qui révélaient une âme sensible et un cœur bienfaisant.

En politique aussi bien qu'en religion, le Comte de Brissac avait des convictions sincères et inébranlables. Qui de vous ignora son culte pour l'auguste héritier de nos rois, cet enfant du miracle qu'il croyait destiné à rendre au *beau pays de France* la paix, la justice, la gloire et la liberté ? Apprenant que la santé de ce noble prince inspirait des inquiétudes, hélas ! trop fondées, le Comte de Brissac se sentit frappé au cœur. Ce fut sans doute la cause première du mal qui devait

le ravir, quelques années après, à l'affection des siens,
à l'estime et à la considération de ses amis, au respect
et à la gratitude de ses obligés. La mort du Comte de
Chambord, en ruinant ses espérances humaines et en
alarmant de plus en plus son patriotisme, porta une
rude atteinte à sa robuste constitution. Il eut peine
tout d'abord à croire possible un semblable malheur.
Il ne s'en consola point....

Bientôt après, Dieu, dont les desseins sont impé-
nétrables, lui présentait une autre croix plus person-
nelle et non moins lourde à porter. La mort prématurée
du plus jeune de ses fils, sur qui il avait fondé, comme
sur ses autres enfants, de légitimes espérances, raviva,
au delà de toute expression, la blessure si profonde
dont il devait souffrir patiemment jusqu'à la fin. Depuis
lors, ses forces déclinaient sensiblement. Sa femme et
ses enfants, sans prévoir une séparation prochaine,
redoublèrent à son égard de soins, d'attentions, du
plus tendre respect.

Le Comte de Brissac était un croyant, loyal à Dieu
comme aux hommes. Sa religion éclairée ne lui per-
mettait pas de vivre dans les régions perdues d'une
spéculation stérile. Il observait consciencieusement les
commandements de Dieu et de l'Église, sans ostentation
et sans respect humain. Tourmenté du désir de bien
faire au point de vue chrétien, il dut se demander
souvent avec un de nos poëtes :

« La foi qui n'agit point, est-ce une foi sincère ? »

La sienne se traduisait par un respect profond pour
la religion et ses ministres, à tous les degrés de la
sainte hiérarchie. Le caractère sacré du plus humble
prêtre le pénétrait d'une admiration révérentieuse.
Que dirais-je de la délicatesse de ses procédés avec ses
pasteurs ? Il m'est permis d'en parler pertinemment.

Je ne perdrai jamais le souvenir de l'accueil à la fois bienveillant et réservé dont il m'honora toujours. Le culte de prédilection qu'il avait voué au Roi de ses pensées et de ses sentiments intimes, peut donner une idée de sa vénération et de son attachement envers le Vicaire de Jésus-Christ...

C'est ainsi, mes Frères, que le Comte de Brissac vous prêchait d'exemple le respect et l'obéissance dus à toute autorité légitime, divine ou humaine.

Il est temps que je mette sous vos yeux, en trois tableaux d'un genre tout particulier, les effets de son intelligente et immense charité. Les plus anciens d'entre vous savent en quel état le Comte de Brissac trouva, sous tout rapport, ce petit coin du bon pays de Bretagne, qu'il aimait ardemment. Tout y était à faire. Il entreprit généreusement d'y réparer, au prix des plus grands sacrifices, les ruines que la révolution du dernier siècle avait amoncelées ici comme ailleurs...

Pour constituer le domaine que vous connaissez, à qui s'adressa-t-il ? à quels moyens eut-il recours ? Quand il eut résolu de relever la demeure princière de Pontkalleck, alla-t-il chercher au loin des ouvriers habiles ? Il avait à cœur de se rendre utile aux habitants du pays. Vous n'oublierez pas cette préférence qui vous a été avantageuse à tous : puisque ce chef de famille ne devait pas, à bien dire, habiter sous ce toit restauré à si hauts frais et avec tant de goût, vous saurez rendre à la veuve et aux orphelins de votre bienfaiteur insigne les hommages qui leur sont dus et qu'ils reconnaîtront à leur tour par les mêmes bienfaits. Pour votre mutuelle consolation, vous aimerez à vous dire que celui qui n'est plus de ce monde a échangé cette splendide résidence et ce riche domaine pour le royaume des cieux et pour le palais des Anges et des Saints.

Afin de vous en faciliter à tous l'entrée, le Comte
de Brissac avait fait un beau rêve, qui se réalisa
d'abord en partie et qu'il eut la douleur de voir ensuite
s'évanouir. Gémissant de l'abandon où il avait trouvé
les habitants de la section de Kernascléden, auxquels
le zèle des prêtres du voisinage ne parvenait pas à
procurer en temps utile et assez abondamment les
secours religieux, il résolut de faire de cette jolie
chapelle une église paroissiale. Il y parvint à force de
persévérance et malgré mille et mille contradictions.
Un pasteur vous fut envoyé qui vous évangélisa avec
un succès toujours croissant. Il fallait en bénir Dieu
et les personnes charitables qui faisaient son œuvre
au milieu de vous. Les intentions du Comte de Brissac
furent méconnues. Elles étaient pourtant désintéressées.
Il n'a jamais couru, comme tant d'autres, après une
popularité plus ou moins honorable et presque toujours
entachée d'ambition. Les mécontents, les jaloux, s'en-
tendirent avec des hommes que la politique aveuglait...
La paroisse de Kernascléden fut supprimée, en dépit
des plus justes et des plus énergiques réclamations.

En attendant des jours meilleurs, que fit le Comte
de Brissac, de concert avec la femme d'esprit et de
cœur qui partagea toujours ses peines et ses joies, le
mérite de ses aumônes et les élans de son amour
pour Dieu et pour le prochain ? La vengeance fut
chrétienne. De par la volonté et la générosité du
Comte et de la Comtesse de Brissac, deux prêtres
gardent ce poste important que le pasteur a dû quitter
à regret. Ces deux hommes de Dieu, dont je me
plais à louer la prudence et la bonne volonté, vous
continuent, sous ma protection et avec l'agrément de
leurs confrères du voisinage, leurs soins assidus.
Espérons qu'il sera possible un jour de régulariser
cette situation, dont tout homme de bonne foi doit
reconnaître les inconvénients.

Avant cette époque, le Comte de Brissac avait fondé, à côté de l'Église, une école où vos enfants reçoivent depuis longues années déjà l'instruction chrétienne, jointe à tout ce qui est enseigné dans les classes officielles. Avait-il pressenti l'état de choses qui nous cause aujourd'hui une si profonde tristesse et de si vives inquiétudes ? Toujours est-il que vous êtes dotés d'un établissement libre que les pieuses Filles de Jésus dirigent avec une sollicitude maternelle, pour la plus grande gloire de Dieu et le bonheur de vos enfants. C'est peut-être le plus éminent service que vous aura rendu votre bienfaiteur, qui n'a jamais cessé de vous secourir corporellement. Souvenez-vous, mes Frères, que *l'homme ne vit pas seulement de pain, mais de toute parole qui sort de la bouche de Dieu.* Or, de nos jours, on s'efforce d'étouffer la voix de Dieu et celle de ses représentants autorisés. Vous savez ce qui se passe, et dans quelle voie on pousse la génération qui nous suivra. L'enseignement chrétien, impitoyablement banni des écoles publiques, doit être conservé par nous, coûte que coûte : il y va du salut des âmes et du repos social...

N'avais-je pas raison de vous dire, mes Frères, que le Comte de Brissac a passé au milieu de vous en faisant le bien ? Comme il vous aimait ! Comme il était fier de vanter vos bonnes qualités ! Qu'a-t-il négligé pour porter remède à vos défauts, pour vous procurer un bien-être relatif ? Il se promettait de vous revoir dans un bref délai. Admirons les attentions de la douce Providence, qui lui ménagea du moins la consolation de mourir sur cette terre de la fidèle Bretagne, qu'il avait tant aimée ! La nouvelle de sa mort nous arriva comme un coup de foudre. Ce fut à peine si son entourage bien-aimé eut le temps de prévoir l'issue fatale d'une maladie qui sem-

blait céder aux secours de l'art et aux soins
délicats que toute la famille prodiguait à son chef.
Sans se croire sérieusement atteint, le malade,
qui, peu de jours auparavant, avait rempli tous
ses devoirs religieux, se préparait à célébrer pieu-
sement l'anniversaire de sa naissance. Il parlait
avec émotion de la vie nouvelle qu'il voulait mener,
« Je n'ai pas fait assez de bien », disait-il dans des
épanchements intimes, exprimant son désir, sa volonté
d'en faire davantage par lui-même, et de s'occuper
plus activement des œuvres qui avaient toujours trouvé
auprès de lui un concours si délicat et si généreux....
L'amour d'une femme chrétienne est attentif et s'alarme
vite. Pressentant tout à coup la possibilité d'un danger,
dont personne ne se doutait encore, la Comtesse de
Brissac eut l'inspiration d'appeler un prêtre, qui fut
accueilli avec empressement et reconnaissance... Alors,
eut lieu une scène d'intérieur digne d'être rapportée...
Après une sorte de confession publique, une profession
de foi émouvante, l'engagement spontané d'aller faire
à l'église paroissiale la sainte communion, le malade
reçut l'absolution sacramentelle. Il semblait qu'il dût
accomplir son vœu, le mal ayant cédé en apparence.
et l'on se réjouissait autour de lui.... . Le fils aîné
veillait, attendant son frère, mandé au moment de
l'inquiétude, et le sommeil était si calme que l'on ne
songeait qu'à la joie de la réunion. Hélas ! quelques
instants après, les deux fils tombaient ensemble,
brisés de douleur, au pied de la couche funèbre où
leur père bien-aimé semblait toujours dormir...

Ainsi mourut, mes Frères, votre bienfaiteur, votre
ami ! Je n'entreprendrai pas de vous parler ici des
regrets qu'il laisse dans toutes les provinces où il était
connu, et où son souvenir se confond avec celui des
grands exemples qui lui survivent. Votre présence

témoigne hautement du douloureux écho que ce deuil a trouvé dans vos cœurs. Vous auriez aimé à voir rapporter ici sa dépouille mortelle, à laquelle vous eussiez constitué une garde d'honneur. C'eût été pour nous tous une vraie consolation de lui rendre les derniers devoirs. Vous donnez, du moins, par votre attitude à cette cérémonie imposante dans sa noble simplicité, la mesure de votre gratitude et de votre condoléance. Honneur à vous, mes Frères! Honneur à celui qui avait si bien mérité, des riches et des pauvres, ce témoignage d'une aussi émouvante réciprocité des meilleurs sentiments! Prêtres et fidèles, laissez-moi vous remercier et vous féliciter, au nom de la famille de Brissac, de cette démarche qui m'attendrit sans me surprendre. Je me fais particulièrement l'interprète des fils si distingués du vénéré défunt et de leur charmante sœur. Ils n'ont pas seulement reçu en héritage un beau nom et une grande fortune. Ils vous montreront à l'envi, en marchant sur les traces de leur père, que la foi et la charité sont vertus héréditaires dans leur antique maison. Vous reporterez sur eux et sur leur excellente mère tous les sentiments de respect et de reconnaissance que vous aviez voués à celui qui, du haut du ciel, où il a retrouvé avec ses glorieux ancêtres, un fils trop tôt ravi à sa tendresse, contemple, espérons-le, cette assemblée de vrais chrétiens. Il est doux de penser, mes Frères, que, en faisant ainsi mémoire de nos chers défunts, nous avons encore l'espoir de soulager, de délivrer ceux d'entre eux qui n'auraient pas achevé de satisfaire à la justice divine. Quelle consolation et quel bonheur de croire à la communion des Saints, à la résurrection de la chair, à la vie éternelle!